# INHALT

# Wir stellen uns vor

## Und wer bist du?
## Beschreibe und zeichne dich!

Ich heiße ______________________.

Ich bin ______________________ alt.

Ich esse gerne ______________________.

## 1 Wohin fahren Lara und Ben? Schreibe die Zahlen zum richtigen Bild!

① ins Schwimmbad ② in den Park ③ zur Oma ④ in den Tiergarten

## 2 Verbinde die Bilder mit den Sätzen!

Lara ist im Schwimmbad.

Leon ist im Tiergarten.

Ben ist im Park.

Alle sind bei Oma.

# Auf dem Spielplatz

## 1 Ordne richtig zu!

| | | |
|---|---|---|
| ① schaukeln | ② Ball spielen | ③ springen |
| ④ rutschen | ⑤ klettern | ⑥ wippen |

## 2 Wer spielt mit wem? Schau im Bild nach und verbinde richtig!

| | |
|---|---|
| Ben wippt | mit dem Bub. |
| Leon rutscht | mit dem Ball. |
| Das schwarzhaarige Mädchen springt | mit Lara. |
| Das blonde Mädchen spielt | mit dem Seil. |

## 3 Wer macht was? Schreibe das Wort mit der richtigen Endung!

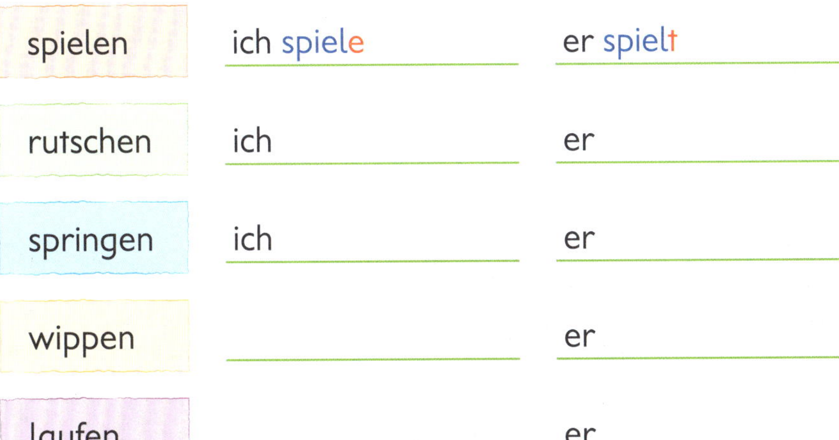

| | | |
|---|---|---|
| spielen | ich spiele | er spielt |
| rutschen | ich | er |
| springen | ich | er |
| wippen | | er |
| laufen | | er |

## 4 Was machst du gerne am Spielplatz? Beantworte die Fragen!

Läufst du gerne?

Ich laufe gerne. ODER Ich laufe **nicht** gerne.

Springst du gerne?

Ich springe

Wippst du gerne?

Ich

Rutschst du gerne?

Ich

## 1 Ordne richtig zu!

| | | | |
|---|---|---|---|
| ① Buch lesen | ② basteln | ③ Karten spielen | ④ Musik hören |
| ⑤ Bild malen | ⑥ fernsehen | ⑦ Puzzle bauen | ⑧ Computer spielen |

## 2 Was stimmt? Was stimmt nicht?

Schau bei Übung 1!

| | stimmt | stimmt nicht |
|---|---|---|
| Oma spielt Computer. | ☐ | ☐ |
| Lara hört Musik. | ☐ | ☐ |
| Ben und Lara schauen fern. | ☐ | ☐ |
| Lara malt ein Bild. | ☐ | ☐ |
| Oma bastelt einen Papierflieger. | ☐ | ☐ |

## 3 Ordne zu und schreibe ab!

| | |
|---|---|
| Oma und Ben bauen ein Puzzle. | Lara malt ein Bild. |
| Ben hört Musik. | Lara und Leon lesen ein Buch. |

____________________

____________________

____________________

____________________

____________________

____________________

____________________

____________________

## 1 Wo sind die Tiere? Schreibe die richtige Zahl in den Kreis!

1. der Elefant
2. die Giraffe
3. das Nilpferd
4. der Löwe
5. der Affe
6. die Schlange
7. das Krokodil
8. das Zebra

Die Begleiter heißen: der, die, das!

## 2 Welches Tier ist das? Schreibe den richtigen Begleiter dazu!

der Elefant ______

______

______

______

## 3 Wer hat welches Lieblingstier? Schreibe dazu!

Laras Lieblingstier ist die Giraffe.

Bens Lieblingstier

Leons

## 4 Kreise alle Tiernamen ein!

das Auto | der Löwe | die Eltern

die Schlange | die Schale | das Wasser

der Apfel | der Affe | der Elefant

**1** **Welche Wörter reimen sich? Verbinde Wort mit Bild!**

**2** **Bildrätsel! Verwende die angegebenen Buchstaben aus den Wörtern und finde das gesuchte Wort!**

Lösungswort: _ _ _ _ _ _

Lösungswort: _ _ _ _ _ _ _ _

## 3 Trage richtig ein!

① ② ③ ④ ⑤

|   | A |   | S |   | R | B |   | L |   |
|---|---|---|---|---|---|---|---|---|---|

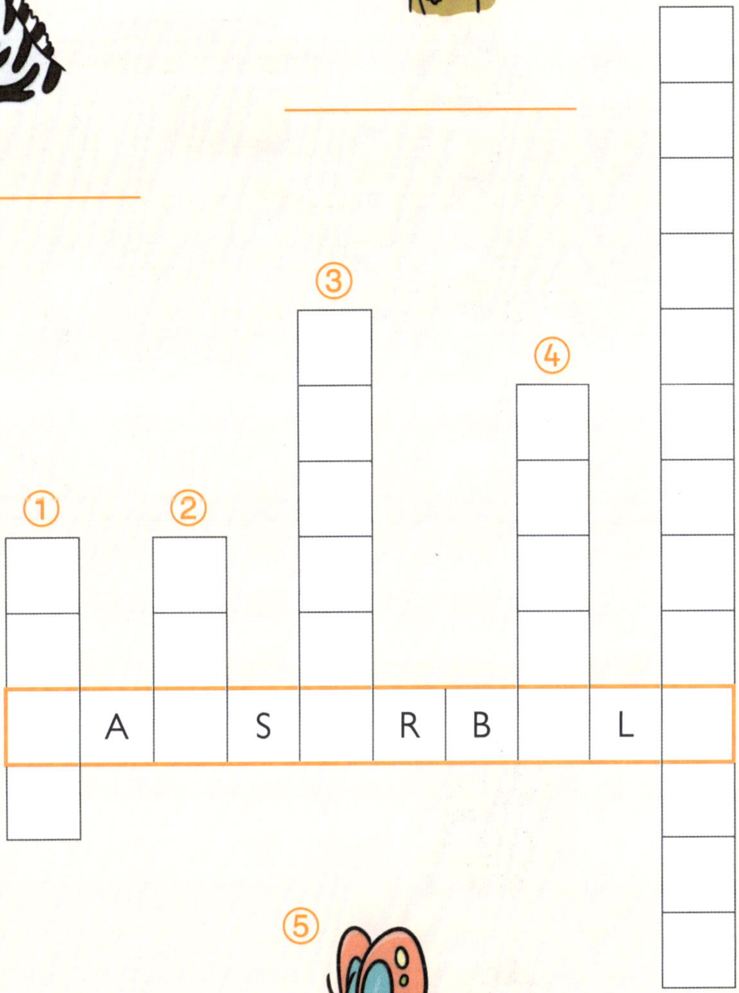

Wenn du nicht mehr weiter weißt, schau in den Lösungsteil!

## 1 Schreibe die richtige Zahl in den Kreis!

| | | |
|---|---|---|
| ① Eis essen | ② rutschen | ③ tauchen |
| ④ schwimmen | ⑤ spielen | ⑥ springen |

## 2 Was mag Lara? Verbinde!

Lara mag schwimmen.

Lara mag rutschen.

### Und was magst du?

Ich mag ______________________.

Ich mag ______________________.

## 3 Finde das richtige Wort!

| esse | schwimme | rutsche | spiele |
|---|---|---|---|

Ich spiele im Wasser!

Ich ________ auf der Rutsche!

Ich ________ ein Eis!

Ich ________ im Wasser!

## 4 Löse das Rätsel!

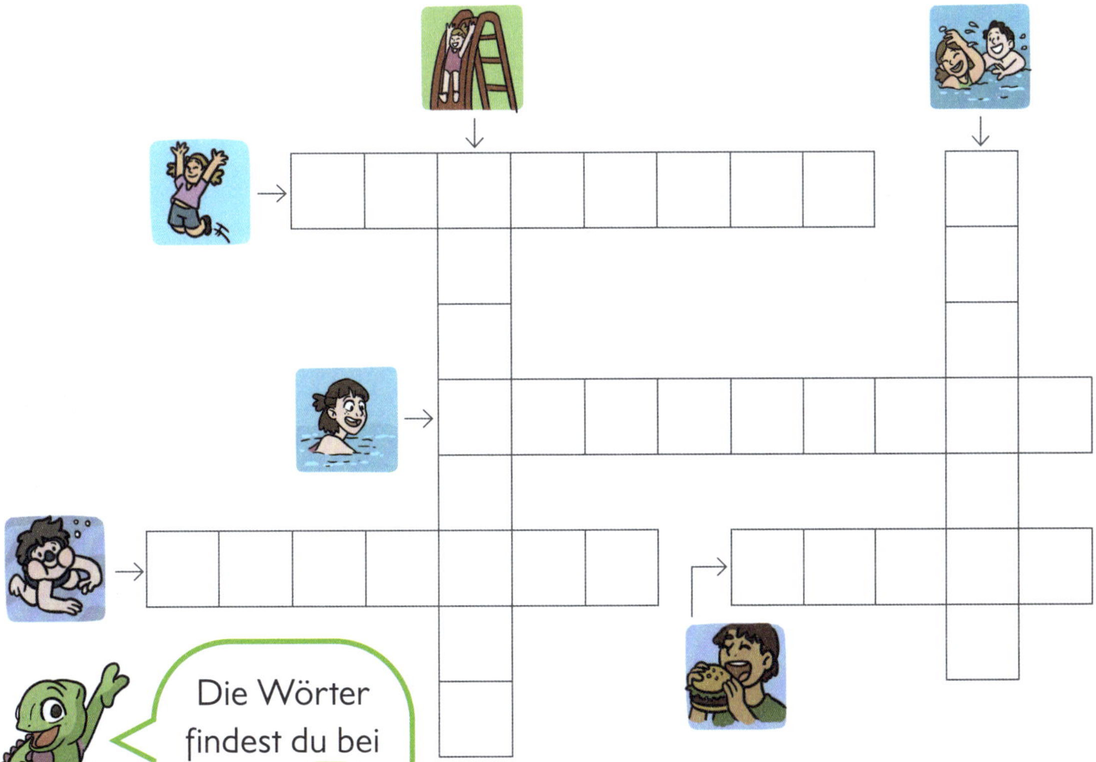

Die Wörter findest du bei Übung 1!

## 1 Wer ist wer? Ordne richtig zu!

| | | |
|---|---|---|
| ① die Oma | ② der Opa | ③ der Papa |
| ④ die Mama | ⑤ die Schwester | ⑥ der Bruder |

## 2 Setze er oder sie ein!

der Mann
→ er

die Frau
→ sie

der Opa
→ ______

die Schwester
→ ______

der Papa
→ ______

der Bruder
→ ______

die Oma
→ ______

die Mama
→ ______

## 3 Ordne zu und schreibe ab!

| | |
|---|---|
| Sie spielt mit dem Handy. | Er trinkt Wasser. |
| Sie liest ein Buch. | Sie fährt mit dem Roller. |
| Er hängt Wäsche auf. | Er strickt einen Pullover. |

## Ben und Laras Zimmer

### 1 Schreibe die richtige Zahl in den Kreis!

| | | | |
|---|---|---|---|
| ① die Tür | ② das Sofa | ③ das Bett | ④ der Tisch |
| ⑤ das Regal | ⑥ der Sessel | ⑦ die Lampe | ⑧ das Bild |

### 2 Verbinde!

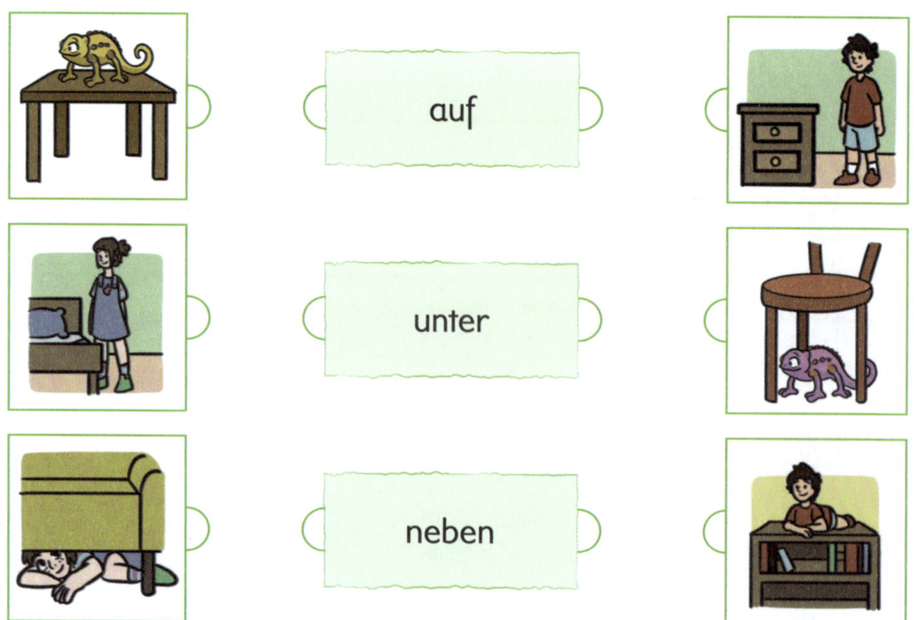

## 3 Wo sitzt Leon? Zeichne richtig!

Leon sitzt unter dem Tisch.

Leon sitzt auf dem Tisch.

Leon sitzt neben dem Tisch.

## 4 Wo ist Leon? Schreib auf!

unter dem Sessel    neben dem Sofa

Falls du Hilfe brauchst, schau im Kästchen nach!

Leon ist auf dem Tisch.

Leon ist ______

Leon ______

## 1 Wie heißen diese Körperteile?

| | | | |
|---|---|---|---|
| ① der Kopf | ② das Auge / die Augen | ③ die Nase | ④ die Zunge |
| ⑤ der Fuß | ⑥ das Ohr / die Ohren | ⑦ der Mund | ⑧ das Knie |

## 2 Setze die Wörter richtig ein!

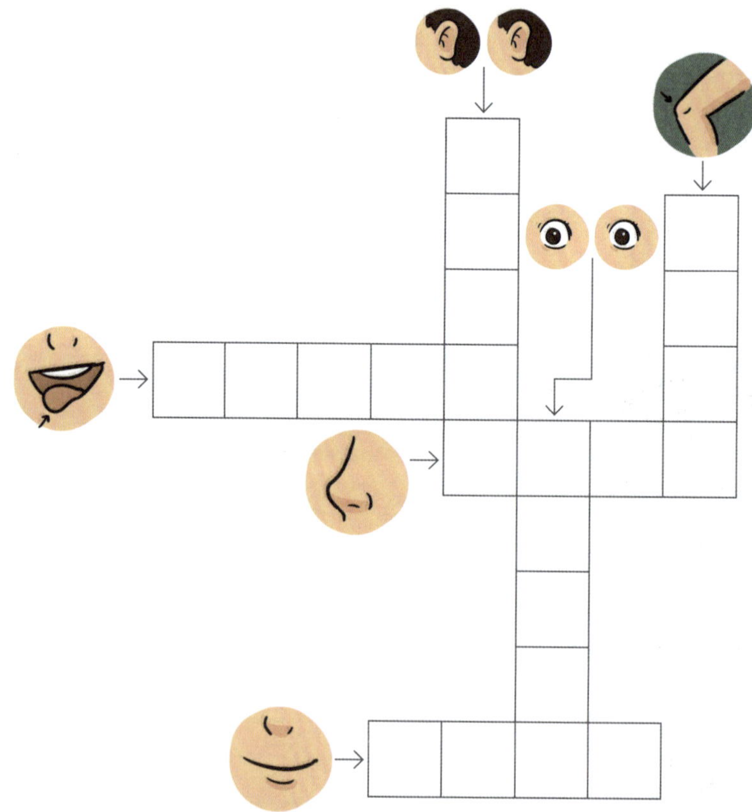

# LÖSUNGEN

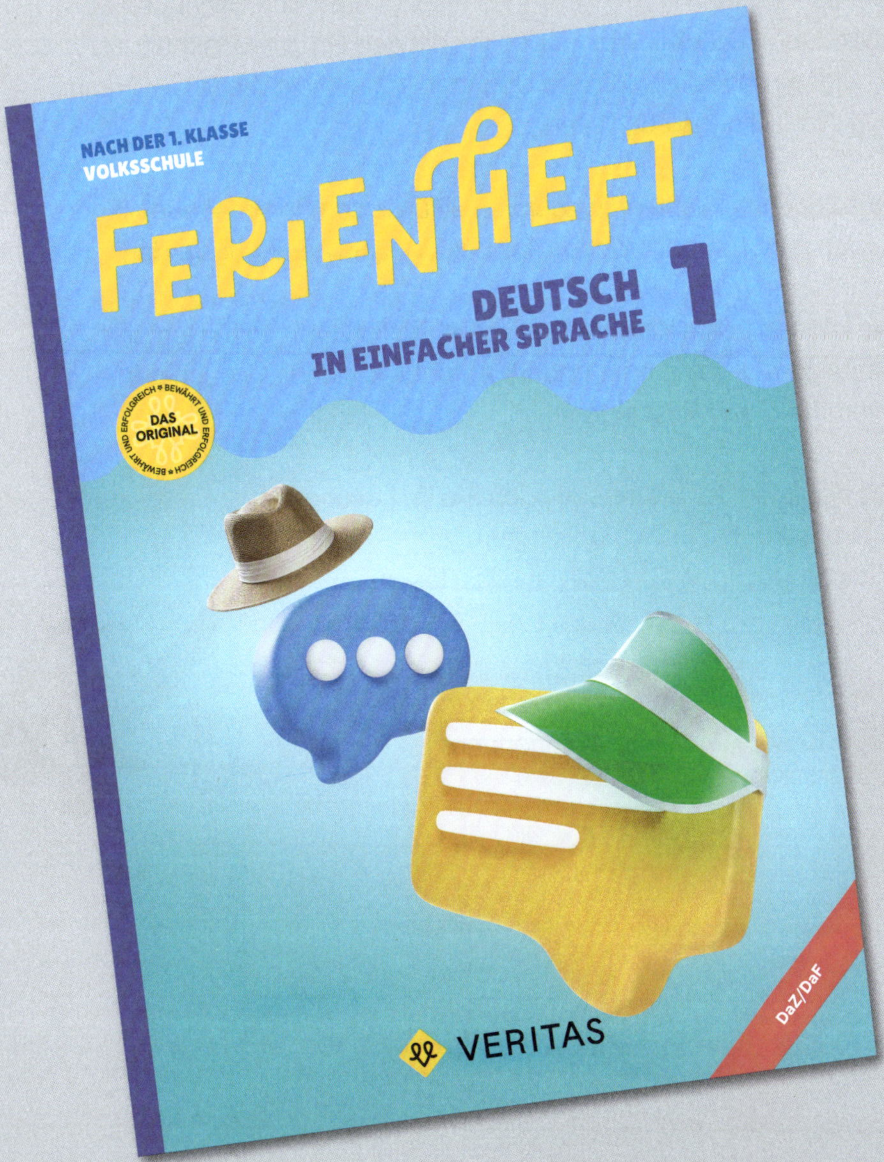

NACH DER 1. KLASSE
VOLKSSCHULE

FERIENHEFT 1

DEUTSCH
IN EINFACHER SPRACHE

DAS ORIGINAL
BEWÄHRT UND ERFOLGREICH

VERITAS

DaZ/DaF

Zum Heraustrennen dieses Lösungsheftes die mittlere Klammer lösen.

Liebe Eltern!

Dieses Heft soll Ihrem Kind dabei helfen, Lesen und Schreiben zu üben. Das Ferienheft hat 15 Kapitel, die den Grundwortschatz der 1. Klasse abdecken. Mit den Übungen können die Kinder Grammatik und Wortschatz wiederholen.

Das Ferienheft kann entweder verteilt über den Sommer oder in den letzten zwei bis drei Wochen vor Schulbeginn gemacht werden.

Sie können Ihrem Kind helfen, indem Sie Ihr Kind motivieren und ermutigen. Die eine oder andere Aufgabe können Sie auch gerne mit Ihrem Kind gemeinsam lösen.

Die Kontrolle der Übungen finden Sie im Lösungsteil.
Alle Lösungen sind in blau eingetragen!
Manche Übungen sind individuell zu lösen.

Einen schönen Sommer wünschen Ihnen
Maha Kasem und Julia Wohlgenannt

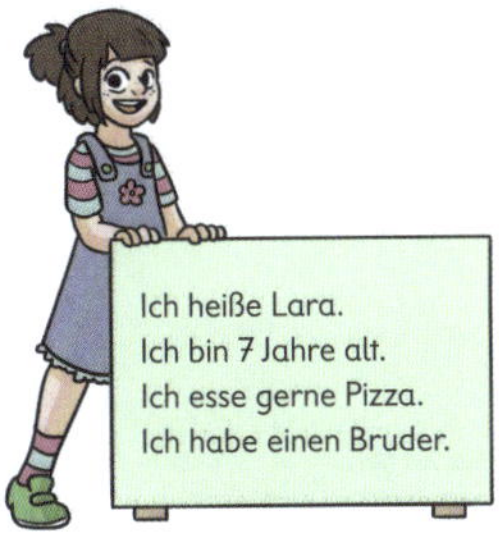

TAG 1

## Wir stellen uns vor

Ich heiße Lara.
Ich bin 7 Jahre alt.
Ich esse gerne Pizza.
Ich habe einen Bruder.

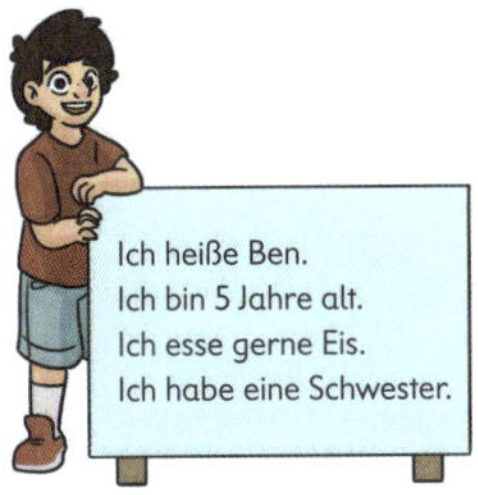

Ich heiße Ben.
Ich bin 5 Jahre alt.
Ich esse gerne Eis.
Ich habe eine Schwester.

Individuelle Lösung

**Und wer bist du?**
**Beschreibe und zeichne dich!**

Ich heiße ______________.

Ich bin ______________ alt.

Ich esse gerne ______________.





### 1 Wohin fahren Lara und Ben? Schreibe die Zahlen zum richtigen Bild!

① ins Schwimmbad ② in den Park ③ zur Oma ④ in den Tiergarten

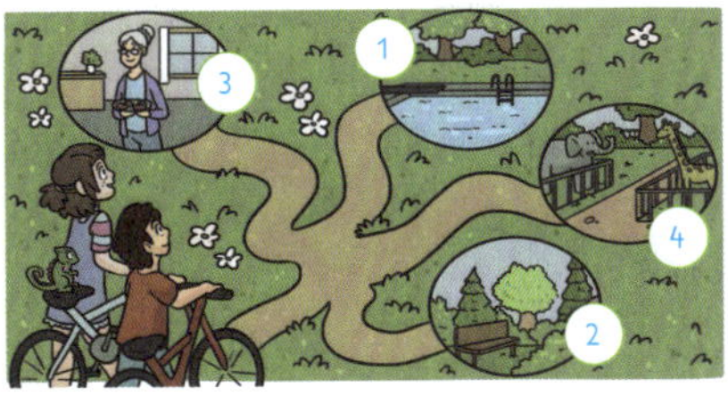

### 2 Verbinde die Bilder mit den Sätzen!

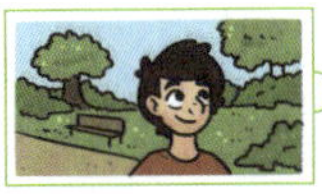

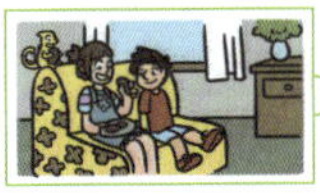

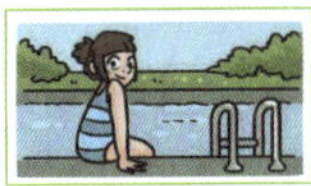

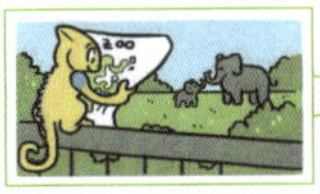

Lara ist im Schwimmbad.

Leon ist im Tiergarten.

Ben ist im Park.

Alle sind bei Oma.





### 1 Ordne richtig zu!

① schaukeln ② Ball spielen ③ springen
④ rutschen ⑤ klettern ⑥ wippen

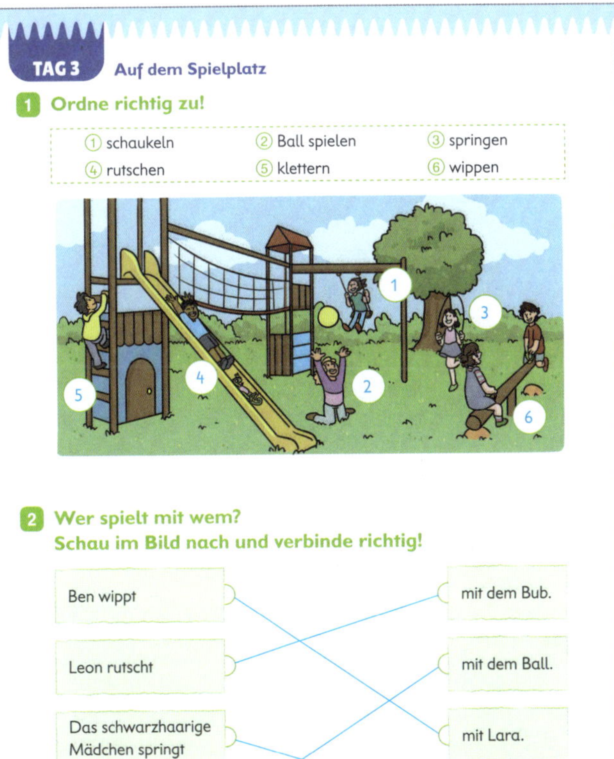

### 2 Wer spielt mit wem? Schau im Bild nach und verbinde richtig!

| | |
|---|---|
| Ben wippt | mit dem Bub. |
| Leon rutscht | mit dem Ball. |
| Das schwarzhaarige Mädchen springt | mit Lara. |
| Das blonde Mädchen spielt | mit dem Seil. |





### 3 Wer macht was? Schreibe das Wort mit der richtigen Endung!

| | | |
|---|---|---|
| spielen | ich spiele | er spielt |
| rutschen | ich rutsche | er rutscht |
| springen | ich springe | er springt |
| wippen | ich wippe | er wippt |
| laufen | ich laufe | er läuft |

### 4 Was machst du gerne am Spielplatz? Beantworte die Fragen!

Läufst du gerne?
Ich laufe gerne. ODER Ich laufe **nicht** gerne.

Springst du gerne?
Ich springe gerne. // Ich springe nicht gerne.

Wippst du gerne?
Ich wippe gerne. // Ich wippe nicht gerne.

Rutschst du gerne?
Ich rutsche gerne. // Ich rutsche nicht gerne.

## 1 Ordne richtig zu!

① Buch lesen ② basteln ③ Karten spielen ④ Musik hören
⑤ Bild malen ⑥ fernsehen ⑦ Puzzle bauen ⑧ Computer spielen

4 8 5
3 7 2
6 1





## 2 Was stimmt? Was stimmt nicht?

Schau bei Übung 1!

| | stimmt | stimmt nicht |
|---|---|---|
| Oma spielt Computer. | ☒ | ☐ |
| Lara hört Musik. | ☐ | ☒ |
| Ben und Lara schauen fern. | ☐ | ☒ |
| Lara malt ein Bild. | ☒ | ☐ |
| Oma bastelt einen Papierflieger. | ☐ | ☒ |

## 3 Ordne zu und schreibe ab!

Oma und Ben bauen ein Puzzle. Lara malt ein Bild.
Ben hört Musik. Lara und Leon lesen ein Buch.

Lara malt ein Bild.

Oma und Ben bauen ein Puzzle.

Lara und Leon lesen ein Buch.

Ben hört Musik.





## 1 Wo sind die Tiere? Schreibe die richtige Zahl in den Kreis!

① der Elefant
② die Giraffe
③ das Nilpferd
④ der Löwe
⑤ der Affe
⑥ die Schlange
⑦ das Krokodil
⑧ das Zebra

Die Begleiter heißen: der, die, das!

## 2 Welches Tier ist das? Schreibe den richtigen Begleiter dazu!

 der Elefant

 der Löwe

 das Zebra

 die Giraffe





## 3 Wer hat welches Lieblingstier? Schreibe dazu!

  Laras Lieblingstier ist die Giraffe.

  Bens Lieblingstier ist der Löwe.

  Leons Lieblingstier ist das Krokodil.

  Omas Lieblingstier ist das Zebra.

## 4 Kreise alle Tiernamen ein!

das Auto

die Eltern
die Schlange
die Schale
das Wasser
der Apfel

der Elefant

RÄTSEL

## 1 Welche Wörter reimen sich? Verbinde Wort mit Bild!

- heiß
- Fisch
- Affe
- Bad
- Nase

## 2 Bildrätsel! Verwende die angegebenen Buchstaben aus den Wörtern und finde das gesuchte Wort!

S O N N E — M O N D — M A U S — E R D B E E R E

Lösungswort: S O M M E R

B A U M — F E D E R — H O N I G — S E S S E L

Lösungswort: B A D E H O S E



RÄTSEL

## 3 Trage richtig ein!

①  Löwe

②  Eis

③ Tomate

④ Zebra

⑤  Schmetterling

Senkrecht: ① L Ö W E — ② E I S — ③ T O M A T E — ④ Z E B R A — ⑤ S C H M E T T E R L I N G

Waagrecht: W A S S E R B A L L

Wenn du nicht mehr weiter weißt, schau in den Lösungsteil!





## 1 Schreibe die richtige Zahl in den Kreis!

① Eis essen ② rutschen ③ tauchen

④ schwimmen ⑤ spielen ⑥ springen

## 2 Was mag Lara? Verbinde!

Lara mag schwimmen.

Lara mag rutschen.

### Und was magst du?

Individuelle Lösung

Ich mag ______________.

Ich mag ______________.

Du kannst die Wörter von Übung 1 nehmen!





## 3 Finde das richtige Wort!

esse schwimme rutsche spiele

Ich spiele im Wasser!

Ich rutsche auf der Rutsche!

Ich esse ein Eis!

Ich schwimme im Wasser!

## 4 Löse das Rätsel!

S P R I N G E N

R U T S C H E N

S P I E L E N

S C H W I M M E N

T A U C H E N

E S S E N

Die Wörter findest du bei Übung 1!

## 1 Wer ist wer? Ordne richtig zu!

| | | |
|---|---|---|
| ① die Oma | ② der Opa | ③ der Papa |
| ④ die Mama | ⑤ die Schwester | ⑥ der Bruder |

## 2 Setze er oder sie ein!

der Mann
→ er

die Frau
→ sie

Logisch, aus der wird er, aus die wird sie.

der Opa
→ er

der Bruder
→ er

die Schwester
→ sie

die Oma
→ sie

der Papa
→ er

die Mama
→ sie





## 3 Ordne zu und schreibe ab!

| | |
|---|---|
| Sie spielt mit dem Handy. | Er trinkt Wasser. |
| Sie liest ein Buch. | Sie fährt mit dem Roller. |
| Er hängt Wäsche auf. | Er strickt einen Pullover. |

Sie spielt mit dem Handy.

Er strickt einen Pullover.

Sie liest ein Buch.

Er trinkt Wasser.

Sie fährt mit dem Roller.

Er hängt Wäsche auf.





## 1 Schreibe die richtige Zahl in den Kreis!

| | | | |
|---|---|---|---|
| ① die Tür | ② das Sofa | ③ das Bett | ④ der Tisch |
| ⑤ das Regal | ⑥ der Sessel | ⑦ die Lampe | ⑧ das Bild |

## 2 Verbinde!

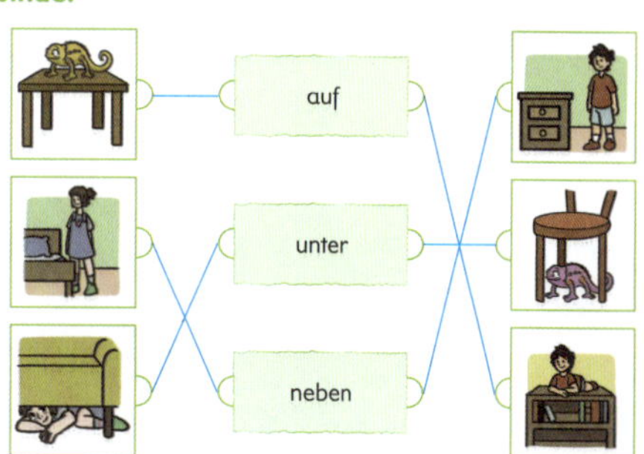






## 3 Wo sitzt Leon? Zeichne richtig!

Leon sitzt unter dem Tisch.

Leon sitzt auf dem Tisch.

Leon sitzt neben dem Tisch.

## 4 Wo ist Leon? Schreib auf!

| | |
|---|---|
| unter dem Sessel | neben dem Sofa |

Falls du Hilfe brauchst, schau im Kästchen nach!

Leon ist auf dem Tisch.

Leon ist neben dem Sofa.

Leon ist unter dem Sessel.

## 1 Wie heißen diese Körperteile?

① der Kopf ② das Auge / die Augen ③ die Nase ④ die Zunge
⑤ der Fuß ⑥ das Ohr / die Ohren ⑦ der Mund ⑧ das Knie

2 7 5 6
8 4 1 3

## 2 Setze die Wörter richtig ein!

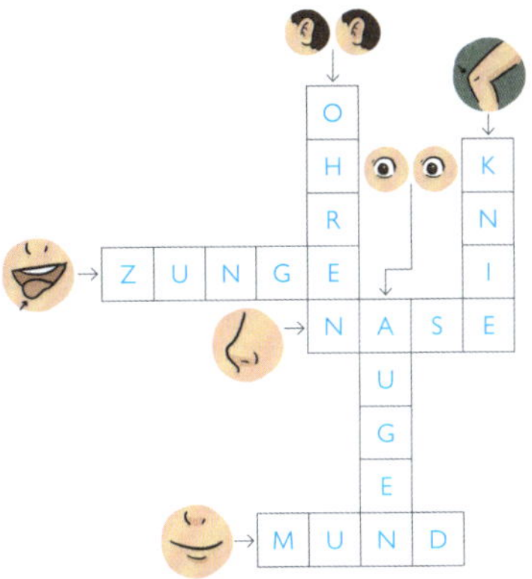

OHREN
KNIE
ZUNGE
NASE
AUGE
MUND





## 3 Was dein Körper alles kann! Verbinde!

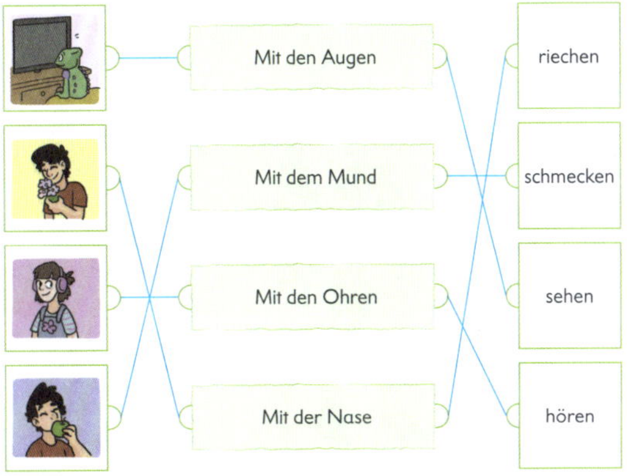

Mit den Augen — riechen
Mit dem Mund — schmecken
Mit den Ohren — sehen
Mit der Nase — hören

## 4 Was passt? Schreibe richtig dazu!

riechen schmecken sehen hören

hören riechen
sehen schmecken





## 1 Finde die richtige Nummer!

① der Salat ② die Tomaten ③ das Brot
④ der Käse ⑤ die Schokolade ⑥ die Milch
⑦ die Butter ⑧ das Fleisch ⑨ die Chips

3 2 1 9 8 5 7 6 4

## 2 Welcher Korb gehört zu welcher Einkaufsliste?

Salat
Schokolade
Chips
Tomaten

Tomaten
Brot
Käse
Schokolade

Salat
Tomaten
Brot
Käse





## 3 Was fehlt den Kindern noch?

Ich brauche noch

Ich koche Pizza.
Ich brauche noch Käse .

Ich brauche noch

Ich koche Spaghetti.
Ich brauche noch Tomaten .

Ich brauche noch

Ich koche Pudding.
Ich brauche noch Milch .

## 4 Leon hat sich getarnt. Kannst du erkennen als was?

Schokolade Käse Tomate

Tomate Schokolade Käse

RÄTSEL

## 1 Welche Teile gehören nicht dazu? Kreise die Buchstaben ein!.

## 2 Welche Eigenschaft passt zu welchem Bild?

RÄTSEL

## 3 Welcher Schatten ist der richtige?

## 4 Findest du alle 6 Tiere?

| A | S | D | F | G | R | E | W | Z | T | K | L |
|---|---|---|---|---|---|---|---|---|---|---|---|
| K | N | H | U | N | D | R | K | A | T | Z | E |
| Z | L | A | L | U | K | A | N | F | N | M | H |
| R | N | M | A | U | S | B | I | F | T | U | G |
| B | N | S | L | G | V | N | P | E | M | S | D |
| T | H | T | M | N | B | H | O | L | J | R | W |
| W | P | E | L | E | F | A | N | T | K | L | D |
| M | L | R | S | D | F | G | B | V | R | S | B |





## 1 Verbinde richtig!

## 2 Schreibe richtig dazu!

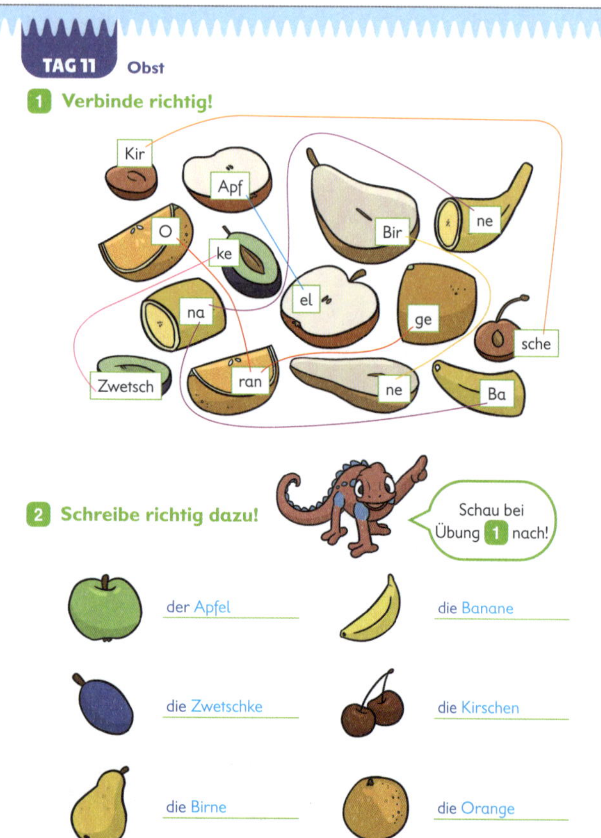






## 3 Ben und Lara essen Obst. Male dazu!

Lara isst zwei Bananen. Sie isst auch acht Kirschen.

Ben isst drei Zwetschken. Er isst auch zwei Birnen.

## 4 Was isst du? Schreibe dazu!

Schau genau: Hier wird die Mehrzahl immer mit einem -n gebildet.

Ich esse zwei Bananen.

Ich esse drei Zwetschken.

Ich esse zwei Birnen.

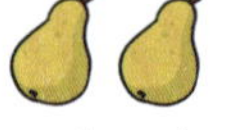

Ich esse vier Kirschen.

## 1 Was für ein Durcheinander! Beantworte die Fragen!

Wie viele Autos findest du? fünf (5)

Wie viele Puppen findest du? drei (3)

Wie viele Bälle findest du? sieben (7)

## 2 Verbinde in der richtigen Reihenfolge!

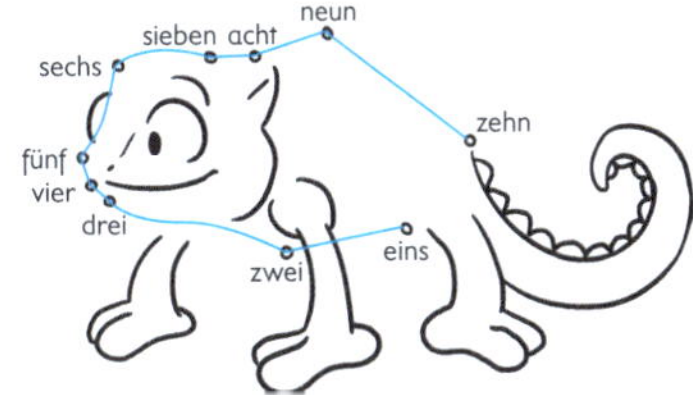






## 3 Findest du die passenden Wörter?

eine Puppe | ein Baustein | ein Ball

fünf Autos — ein Auto

sieben Bälle —  ein Ball

elf Puppen —  eine Puppe

zwölf Bausteine — 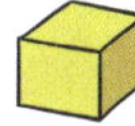 ein Baustein

## 4 Vervollständige die Sätze!

Ich habe vier Bälle.

Ich habe fünf Autos.

Ich habe zwei Puppen.





## 1 Schreibe die richtige Zahl in den Kreis!

① der Hund ② die Katze ③ der Fisch
④ der Hamster ⑤ die Schlange ⑥ der Vogel

## 2 Was stimmt? Was stimmt nicht? Schau oben im Bild!

| | stimmt | stimmt nicht |
|---|---|---|
| Die Maus jagt die Katze. | ☐ | ☒ |
| Der Hund frisst die Karotte. | ☐ | ☒ |
| Der Hamster frisst Salat. | ☒ | ☐ |
| Der Hund frisst die Schlange. | ☐ | ☒ |
| Die Schlange frisst den Vogel. | ☐ | ☒ |





## 3 Wer frisst was? Verbinde!

Schau auf das Bild bei Übung 1!

| | |
|---|---|
| Karotten | der Hase |
| Salat | der Hamster |
| Knochen | die Katze |
| Mäuse | der Hund |

## 4 Wer frisst was gerne?

Der Hase frisst gerne Karotten.

Der Hamster frisst gerne Salat.

Der Hund frisst gerne Knochen.

## 1 Schreibe die richtige Zahl in den Kreis!

① die Blume ② die Biene ③ die Schnecke ④ der Baum
⑤ der Schmetterling ⑥ der Stein ⑦ der Hase ⑧ der Vogel

## 2 Was stimmt? Lies und vergleiche mit dem Bild!

| | stimmt | stimmt nicht |
|---|---|---|
| Ein Baum steht auf der Wiese. | ☒ | ☐ |
| Ein Hase sitzt auf der Wiese. | ☒ | ☐ |
| Auf der Wiese parkt ein Auto. | ☐ | ☒ |
| Auf dem Baum sitzt ein Vogel. | ☒ | ☐ |
| Ein Schmetterling sitzt auf der Wiese. | ☒ | ☐ |
| Leon sitzt auf dem Stein. | ☒ | ☐ |

## 3 Verbinde richtig!

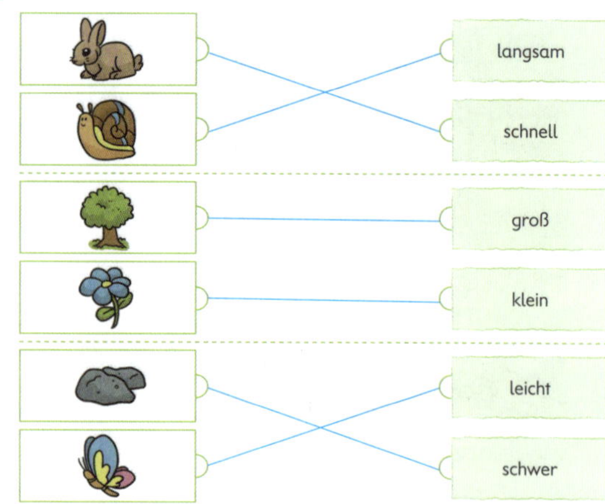


## 4 Was ist wie? Schreibe die Sätze!

Schau oben nach!

Der Hase ist schnell .

Die Schnecke ist langsam .

Der Baum ist groß .

Die Blume ist klein .

Der Stein ist schwer .

Der Schmetterling ist leicht .





## 1 Nummeriere richtig!

① das Hemd ② der Rock ③ die Haube
④ das Kleid ⑤ die Stiefel ⑥ die Schuhe
⑦ die Hose ⑧ das T-Shirt ⑨ die Kappe

## 2 Ordne die Buchstaben richtig und schreibe die Farben unter die Kleckse!

orange | grün | blau | gelb

rot | rosa | schwarz | weiß





## 3 Bunt gekleidet! Male richtig an!

Ben trägt ein grünes T-Shirt. Seine Hose ist blau. Seine Schuhe sind grün. Auf dem Kopf hat er eine gelb-rote Kappe.

## 4 Was kauft Lara? Kreise die richtige Farbe ein und schreibe das Kleidungsstück dazu!

Lara kauft ein (rotes) / gelbes / grünes T-Shirt .

Sie kauft ein blaues / rosa / (gelbes) Hemd .

Lara kauft eine rosa / grüne / (blaue) Hose .

Sie kauft schwarze / orange / (weiße) Schuhe .

**1** Finde die fünf Fehler!

**2** Findest du den Weg durch das Labyrinth?

**3** Finde den Ausschnitt und kreise ihn ein!

## 3 Was dein Körper alles kann! Verbinde!

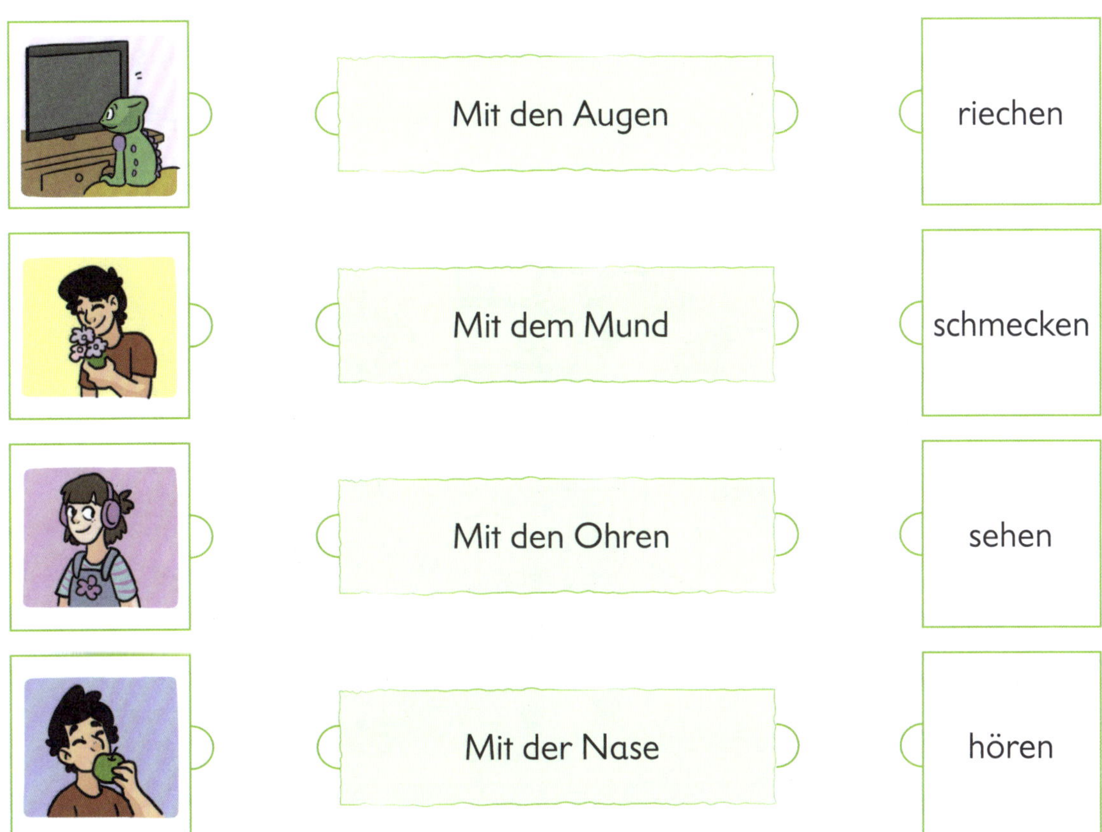


## 4 Was passt? Schreibe richtig dazu!

riechen schmecken sehen hören

______________ ______________

______________ ______________

## 1 Finde die richtige Nummer!

| | | |
|---|---|---|
| ① der Salat | ② die Tomaten | ③ das Brot |
| ④ der Käse | ⑤ die Schokolade | ⑥ die Milch |
| ⑦ die Butter | ⑧ das Fleisch | ⑨ die Chips |

## 2 Welcher Korb gehört zu welcher Einkaufsliste?

Salat
Schokolade
Chips
Tomaten

Tomaten
Brot
Käse
Schokolade

Salat
Tomaten
Brot
Käse

## 3 Was fehlt den Kindern noch?

Ich koche Pizza.

Ich brauche noch Käse.

Ich koche Spaghetti.

Ich brauche noch ____________.

Ich
brauche
noch

Ich ____________ Pudding.

Ich ________________________.

## 4 Leon hat sich getarnt. Kannst du erkennen als was?

| Schokolade | Käse | Tomate |
|---|---|---|

____________ ____________ ____________

## 1 Welche Teile gehören nicht dazu? Kreise die Buchstaben ein!

## 2 Welche Eigenschaft passt zu welchem Bild?

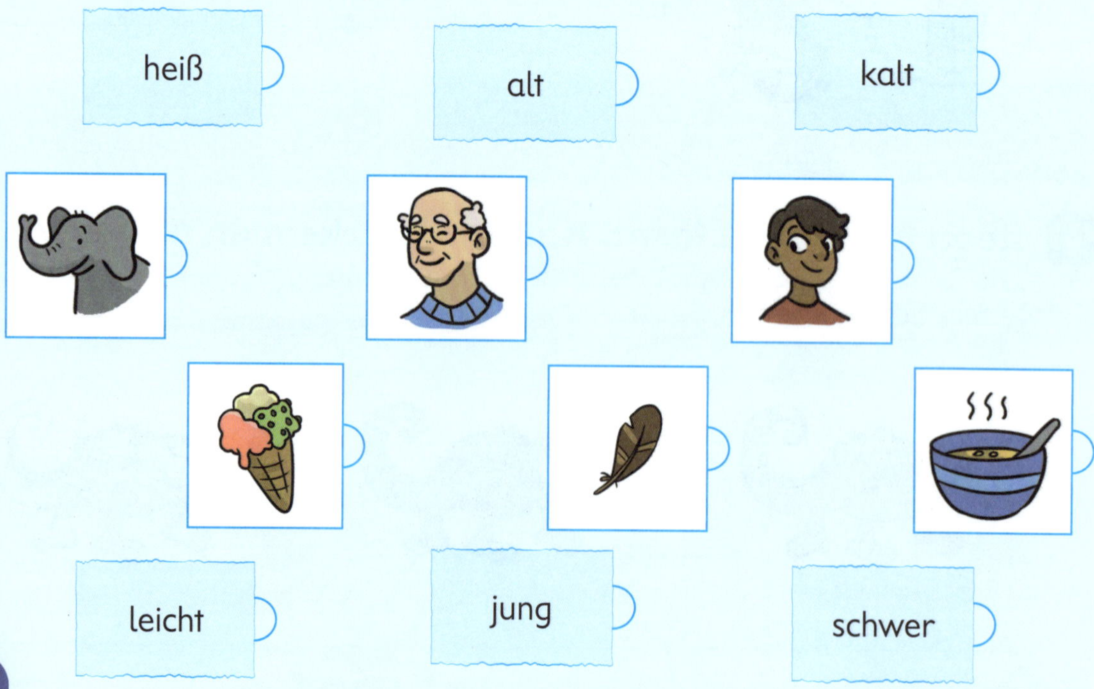

## 3 Welcher Schatten ist der richtige?

## 4 Findest du alle 6 Tiere?

| | | | | | | | | | | | |
|---|---|---|---|---|---|---|---|---|---|---|---|
| A | S | D | F | G | R | E | W | Z | T | K | L |
| K | N | H | U | N | D | R | K | A | T | Z | E |
| Z | L | A | L | U | K | A | N | F | N | M | H |
| R | N | M | A | U | S | B | I | F | T | U | G |
| B | N | S | L | G | V | N | P | E | M | S | D |
| T | H | T | M | N | B | H | O | L | J | R | W |
| W | P | E | L | E | F | A | N | T | K | L | D |
| M | L | R | S | D | F | G | B | V | R | S | B |

## 1 Verbinde richtig!

## 2 Schreibe richtig dazu!

 der ____________________

 die ____________________

 die ____________________

 die ____________________

 die ____________________

 die ____________________

## 3 Ben und Lara essen Obst. Male dazu!

Lara isst zwei Bananen.
Sie isst auch acht Kirschen.

Ben isst drei Zwetschken.
Er isst auch zwei Birnen.

## 4 Was isst du? Schreibe dazu!

Schau genau: Hier wird die Mehrzahl immer mit einem -n gebildet.

Ich esse zwei Bananen.

Ich esse drei ______________________.

Ich esse zwei ______________________.

Ich ______________________.

## 1 Was für ein Durcheinander! Beantworte die Fragen!

Wie viele Autos findest du? ____________________

Wie viele Puppen findest du? ____________________

Wie viele Bälle findest du? ____________________

## 2 Verbinde in der richtigen Reihenfolge!

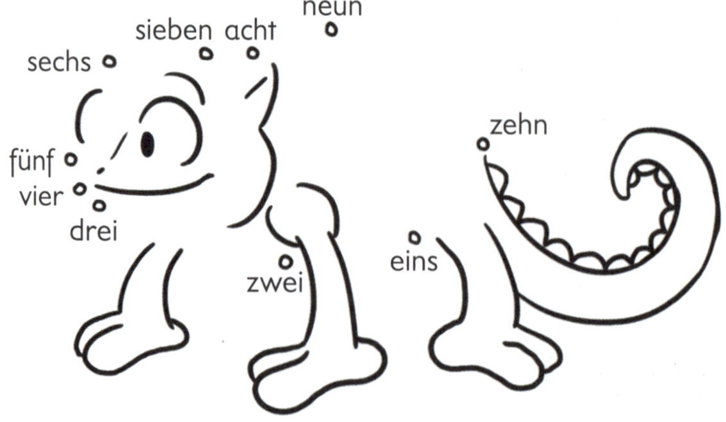

## 3 Findest du die passenden Wörter?

eine Puppe　　ein Baustein　　ein Ball

fünf Autos

ein Auto

sieben Bälle

ein ____________

elf Puppen

____________

zwölf Bausteine

____________

## 4 Vervollständige die Sätze!

Ich habe vier Bälle.

Ich habe ______________________.

Ich ______________________.

## In der Tierhandlung

### 1 Schreibe die richtige Zahl in den Kreis!

| | | |
|---|---|---|
| ① der Hund | ② die Katze | ③ der Fisch |
| ④ der Hamster | ⑤ die Schlange | ⑥ der Vogel |

### 2 Was stimmt? Was stimmt nicht? Schau oben im Bild!

| | stimmt | stimmt nicht |
|---|---|---|
| Die Maus jagt die Katze. | ☐ | ☐ |
| Der Hund frisst die Karotte. | ☐ | ☐ |
| Der Hamster frisst Salat. | ☐ | ☐ |
| Der Hund frisst die Schlange. | ☐ | ☐ |
| Die Schlange frisst den Vogel. | ☐ | ☐ |

## 3 Wer frisst was? Verbinde!

Schau auf das Bild bei Übung 1!

| | | |
|---|---|---|
|  | Karotten | der Hase |
|  | Salat | der Hamster |
|  | Knochen | die Katze |
|  | Mäuse | der Hund |

## 4 Wer frisst was gerne?

Der Hase frisst gerne Karotten.

Der Hamster frisst gerne ____________________.

Der Hund ______________________________.

## Auf der Blumenwiese

### 1 Schreibe die richtige Zahl in den Kreis!

| | | | |
|---|---|---|---|
| ① die Blume | ② die Biene | ③ die Schnecke | ④ der Baum |
| ⑤ der Schmetterling | ⑥ der Stein | ⑦ der Hase | ⑧ der Vogel |

### 2 Was stimmt? Lies und vergleiche mit dem Bild!

| | stimmt | stimmt nicht |
|---|---|---|
| Ein Baum steht auf der Wiese. | ☐ | ☐ |
| Ein Hase sitzt auf der Wiese. | ☐ | ☐ |
| Auf der Wiese parkt ein Auto. | ☐ | ☐ |
| Auf dem Baum sitzt ein Vogel. | ☐ | ☐ |
| Ein Schmetterling sitzt auf der Wiese. | ☐ | ☐ |
| Leon sitzt auf dem Stein. | ☐ | ☐ |

## 3 Verbinde richtig!

## 4 Was ist wie? Schreibe die Sätze!

Schau oben nach!

Der Hase ist schnell.

Die Schnecke ist ______________________.

Der Baum ist ______________________.

Die Blume ______________________.

Der Stein ______________________.

Der ______________________.

## 1 Nummeriere richtig!

| | | |
|---|---|---|
| ① das Hemd | ② der Rock | ③ die Haube |
| ④ das Kleid | ⑤ die Stiefel | ⑥ die Schuhe |
| ⑦ die Hose | ⑧ das T-Shirt | ⑨ die Kappe |

## 2 Ordne die Buchstaben richtig und schreibe die Farben unter die Kleckse!

## 3 Bunt gekleidet! Male richtig an!

Ben trägt ein grünes T-Shirt. Seine Hose ist blau. Seine Schuhe sind grün. Auf dem Kopf hat er eine gelb-rote Kappe.

## 4 Was kauft Lara? Kreise die richtige Farbe ein und schreibe das Kleidungsstück dazu!

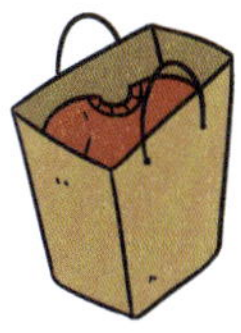

Lara kauft ein rotes / gelbes / grünes ____________________.

Sie kauft ein blaues / rosa / gelbes ____________________.

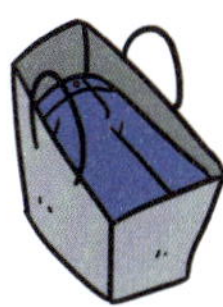

Lara kauft eine rosa / grüne / blaue ____________________.

Sie kauft schwarze / orange / weiße ____________________.

## 1 Finde die fünf Fehler!

## 2 Findest du den Weg durch das Labyrinth?

## 3 Finde den Ausschnitt und kreise ihn ein!